Les érections américaines

Du même auteur

Romans

Ma place sur la photo, Grasset, 2004.
Chicken street, Grasset, 2005.
Madeleine, Stock, 2007.
Keith Me, Stock, 2008.
Les Terres saintes, Stock, 2010.
Liberace, Plon, 2010.
Rompre le charme, Stock, 2012.
Dans mes yeux, avec Johnny Hallyday, Plon, 2013.

Théâtre

Le Vieux Juif Blonde, Grasset, 2006.
Thalasso, L'avant-scène, 2007.
Le Lien suivi de *Monsieur Pipi*, Flammarion, 2012.

Amanda Sthers

Les érections américaines

roman

Flammarion

À la mémoire des victimes
de l'école de Sandy Hook.

ISBN : 978-2-0813-0345-4

Là où nous sommes, il y a des poignards
dans le sourire des hommes.

Macbeth, William SHAKESPEARE.

Connecticut. États-Unis. Le 14 décembre 2012, Adam Lanza, un jeune homme de vingt ans, tire quatre balles dans la tête de sa mère. Puis il prend la voiture garée devant leur grande maison de Newton avant d'aller tuer vingt enfants et six adultes dans l'école élémentaire de Sandy Hook. Il est armé d'un fusil semi-automatique Bushmaster qui appartient à sa maman. Il est ainsi certain de faire un maximum de victimes en un minimum de temps. Le chargeur de trente balles, rapide à enclencher, peut en tirer deux à la seconde. La dernière est pour lui.

Je rentre de l'école avec mes fils, leurs cartables trop lourds et des miettes de leur goûter partout sur mon jean. J'ai reçu un message : *T'as vu ?* Alors, j'allume le poste de télévision. Ça se passe à une heure et demie de New York, la ville de mes rêves.

Je m'assure que mes petits garçons ne s'approchent pas des images de la tragédie mais je ne peux me résoudre à passer à autre chose. Ce n'est pas une info comme une autre, c'est une faille.

Le carnage récent dans un cinéma du Colorado m'avait aussi secouée mais il y avait quelque chose de « mis en scène ». Le tireur avait choisi la première du film *Batman, The Dark Knight Rises*, habité par le mythe du méchant Joker. Ce personnage de clown illuminé, *L'Homme qui rit* des temps modernes, un écho plus évident à la folie. Là, une école, maculée de neige. C'est la violence sans revendication qui fait irruption dans l'écrin pur de l'enfance. C'est surtout l'idée du silence. Arriver dans un endroit sans bruit. Se garer, prendre son arme à feu. Entrer. Toujours dans le silence. Entendre des comptines peut-être ? Des rires d'enfants. Entrer quand même.

La maman en moi s'effondre, mais l'écrivain qui a tissé sa peau tout autour reste fasciné. Ce pays ressemble à mes personnages : schizophrène, sans père, prêt à s'effondrer comme à se transcender, il est à un instant crucial, une bascule qui en fait une matière vive puisqu'on ne sait de quel côté il va verser. Comme un jeune homme génial qui peut tomber dans la drogue ou révolutionner un art selon le sens du vent. Ce pays, en âge de pays, atteint celui des romans d'initiation, le moment de vivre son éducation sentimentale, peut-être même juste avant : la sortie de l'adolescence. Les dernières poussées d'acné de l'Amérique. Et Adam Lanza est la maladie de cette Amérique, de mon personnage, son symptôme. On se dit que non, que notre héros est en pleine forme, que cette petite boule sombre ne peut pas gangrener le reste, qu'il se tient fier, qu'il parle plus fort que les autres et que c'est légitime. Mon personnage est un dur. Regardez-moi cette fougue ! Même ses erreurs ont de la gueule ! Pourtant, la tumeur se propage, Adam en est une de plus, et tous ces kystes grossissent et excitent les glandes et en fabriquent d'autres qui rapportent plus de fric si on les soigne à l'aspirine au lieu de les amputer.

Un autre fait marquant. Ce même jour, en Chine, à des milliers de kilomètres de Newton, un forcené est entré dans une école et a poignardé vingt-deux enfants. Il n'y a pas eu de mort. Michael Moore, le réalisateur de *Bowling for Columbine* poste un message sur son compte Twitter pour expliquer que les psychopathes restent moins dangereux sans arme à feu.

Les envoyés spéciaux se pressent à Newton. La nuit n'est pas tombée chez eux. Je suis hypnotisée devant les infos, on accuse d'abord le frère d'Adam Lanza, Ryan, parce que sa carte d'identité a été retrouvée sur le corps du tueur qui s'est suicidé seul dans une salle de classe après son forfait. La mère est vite décrite comme un monstre. Il faut meubler à l'antenne, on dit des choses, on suppose beaucoup. Les analystes se relaient et très vite on parle des jeux vidéo, grands coupables des tueries de masse. Je m'offusque de ne jamais entendre ce qui m'est toujours apparu avec évidence : le schéma tordu qui s'installe dans la tête d'un tueur de la sorte ne peut être que la manifestation d'une frustration sexuelle. Le pistolet est un symbole phallique évident, et si les armes blanches ou les longues épées sont aussi la représentation du sexe masculin, les armes et leurs détonations sont de surcroît l'image de l'éjaculation, celle de l'accomplissement, de l'atteinte espérée du plaisir. Si je devais inventer un personnage dans une histoire dont le climax serait une scène où il sort un flingue et tire sur des femmes et des enfants sans véhicule idéologique, ce qu'on appelle aux États-Unis un *mass murderer*, j'inventerais un type bloqué dans une adolescence prolongée, qu'il ait seize ou quarante ans, incapable de lever les yeux sur une femme sans une érection honteuse. Des rendez-vous ratés, une supérieure méprisante, une mère toute-puissante et castratrice qui l'a bloqué dans un œdipe coupable et sclérosant. Je passe la nuit à chercher. Je veux comprendre. Qui ? Combien ? Sont-ils tous fous ? Ma théorie a-t-elle déjà été défendue ? Que disent les psys, les flics, les politiques ? Le lendemain et les jours d'après je m'enferme à la bibliothèque et je fouille sans relâche.

Je réalise que si les tueries de masse existent dans plusieurs schémas sociétaux, elles sont principalement le lot malheureux des

États-Unis. Comment dans une société tournée vers la liberté individuelle, ultra-capitalisée et qui offre tant de choix, en arrive-t-on là ? Est-ce que la tuerie de masse est la version absolue du suicide contemporain ?

Il existe un livre, *La Logique du massacre*, qui recueille les derniers écrits des tueurs de masse, journaux intimes, lettres testamentaires, manifestes. Ma « construction » de personnage se vérifie à chaque fois.

George Sodini, quarante-huit ans, qui a tiré sur des femmes dans le LA Fitness Gym de Bridgeville en Pennsylvanie avant de se suicider, balance son journal sur le Web. Il explique qu'il n'a pas eu de rapport sexuel depuis vingt ans. Qu'il essaie. Qu'il ne sait plus comment draguer. Il parle de sa mère aussi, il l'appelle « The Boss ». Il évoque sa domination.

Michael McLendon, vingt-sept ans, tue sa mère le 10 mars 2009 puis met le feu à sa maison. Il se met à marcher et abat de sang-froid dix personnes sur sa route, sa grand-mère, son grand-père, son oncle et sa tante et des passants au hasard avant de mettre fin à ses jours. Il laisse une lettre qui commence par « Maman », explique qu'il voulait abréger ses souffrances car elle était malade.

Les désormais célèbres Eric Harris et Dylan Klebold, respectivement dix-huit et dix-sept ans, qui ont tué douze personnes et en ont blessé vingt-quatre autres au lycée de Columbine, ne parvenaient pas à avoir de *date*, le fameux rencard des films américains pour le bal de la promo. Toutes les filles étaient prises ou ne voulaient pas d'eux. Quoi ? Ils auraient dû arriver seuls ? Seuls avec leur bite à la main. Tout le monde sait que la *prom night*, c'est le soir de la baise.

Les exemples abondent. En revanche, on parle encore et toujours des jeux vidéo, de la perte d'un emploi, comme si les fondamentaux de la psychanalyse étaient évincés de ce schéma. Trop évident ? Trop basique ? Ou dérangeant ?

Brenda Ann Spencer, l'une des seules femmes qui a commis une tuerie de masse, a été victime d'un inceste. Pour son anniversaire son père violeur lui a offert un fusil alors qu'elle avait demandé un poste de radio. C'est cet acte qui a inspiré la chanson des Boomtown Rats en 1979, *I Don't Like Mondays.* Brenda a tué neuf enfants et en a blessé sept avec ce fusil que son père lui flanquait dans les mains, cette arme qu'il lui demandait de branler encore et encore.

C'est un enfant d'intérieur. Il ne sort pas. Comme les chiens aux pattes fragiles. Là-bas, quand on pousse la porte, c'est effrayant. Il n'y a pas de contours au monde du dehors. Il paraît même qu'il est rond, qu'on en tombe, qu'on glisse de la Terre. Il reste proche des meubles de la maison. Il en connaît chaque détail. L'odeur du bois. Les tiroirs. Les clous qui en sortent. Il avance de commodes en armoires comme autant de repères dans un labyrinthe. Il faut passer des épreuves pour aller de sa chambre à la cuisine. Des bras de maman à la pièce d'oncle Mark. Il n'entend que des voix d'adultes. Et celle de son grand frère Ryan. Maman ne veut plus qu'il invite des amis, il paraît que le dernier lui a fait peur. Oui, il pense qu'il lui a fait peur. Il touche une poignée dorée et fraîche pour ne plus y penser. Il n'y a pas beaucoup de bruit en dehors des repas du dimanche une fois qu'ils ont prié.

Ils ont déménagé de Boston à Kingston, il trouve ça rigolo que la fin sonne pareil. Pourquoi déménager si les villes ont presque le même nom ? C'est inutile. Il a six ans. Ryan lui raconte l'école comme on dit des histoires. Il lui dit qu'il ira un jour quand il ne sera plus le petit chouchou ridicule de maman. Quand Ryan s'en va avec elle le matin, elle ne porte pas son cartable. Ryan a le droit d'être grand. Adam les regarde derrière la fenêtre. Dans son souvenir il pleut. Tout le temps. Pourtant, il y a bien des jours où il a dû faire beau. Tout le temps. La pluie sur la vitre. La vitre contre sa joue.

Quand l'oncle Mark est là, il pose sa main sur son épaule.

Tu veux venir dans ma pièce ?

Dans son bureau, il lui montrera ses pistolets et ses fusils. Il lui montrera comment ça marche. Il aura le droit de poser ses mains dessus, de tenir une cartouche. Il lui dira les mots sans bruit et avec fermeté. Et il devra se souvenir de tout pour la fois suivante. Mais se taire. C'est secret.

Monte sur mes genoux, comme ça.

Tout le monde ne peut pas comprendre le monde des hommes. Mark est un soldat. Il a fait la guerre. Il n'a peur de rien. Tout le temps.

Il m'a fallu un mois de lutte pour comprendre que j'étais prisonnière de cette histoire. Elle n'avait rien à faire dans le déroulement de mon existence, elle faisait irruption en moi comme un taré dans une salle de classe. Ma vie n'allait pas très bien, ce livre fardeau pourtant s'imposait sans cesse telle une nausée. Je portais en moi ce monstre. Je suis entrée en contact avec une journaliste française en poste à New York. Nous avons d'abord échangé par mails et puis nous nous sommes mises à nous parler la nuit. Nos rendez-vous téléphoniques étaient fixés aux alentours de minuit. La voix de Sophie tintait assez grave et posée. Je la trouvais impressionnante de loin. Sophie semblait aussi passionnée que moi par mon sujet, ou était-ce parce que je la payais pour faire des recherches ?

Elle me renseigne peu à peu et tente d'entrer en contact avec des gens sollicités des centaines de fois par les journalistes et qui ne veulent plus parler de rien. Ses réponses arrivent la nuit et nous devenons amies. Elle est drôle, vive. Elle est excitée par ce que je pressens, elle le saisit alors que je suis moi-même incapable de le formuler.

Sophie, chère Sophie, ma très chère Sophie. Hello Sophie. Des dizaines de mails, je la harcèle de questions.

Qui était Adam Lanza ? Pouvons-nous rencontrer ses amis ? Son frère ? Comment s'habillait-il ? A-t-il aimé une fille ? Quel était l'œil dominant d'Adam ? Ça indique une sphère du cerveau ? Est-ce que ça veut dire qu'il était dirigé par une partie de ses émotions plutôt qu'une autre ? Pourquoi a-t-il mis des bouchons dans ses oreilles avant d'aller à l'école ? Est-ce qu'il répétait les gestes qu'on lui apprenait au stand de tir ? Est-ce qu'il anticipait les cris des victimes ? Est-ce qu'il avait peur qu'on l'amadoue ? Qu'on le ralentisse ? Est-ce qu'il avait peur d'être effrayé à son tour ?

Et sa mère, parle-moi de sa mère. Tu crois qu'on pourrait aller chez son coiffeur ? Elle a dû en parler à son coiffeur, non ?

En février, j'ai pris l'avion pour New York. Sophie travaillait depuis plus d'un mois. Il était prévu que je passe une nuit dans la ville qui ne dort jamais puis que nous roulions ensemble vers le Connecticut. J'ai serré mes enfants dans les bras. Je leur ai expliqué que je partais faire une enquête aux États-Unis. Ils ont trouvé ça chouette. Sur le chemin de l'aéroport déjà, j'avais peur de quelque chose. Je ne comprenais pas encore ce qui me poussait là-bas. Je me demandais qui voyagerait à côté de moi, qui allait habiter mon livre de son visage et son discours sur les armes. Je ne pensais plus qu'à ça. Je ne parlais que de ça. Mais le siège dans l'avion est resté vide. Ma vie l'était à ce moment. Je passais de longues journées solitaires, je n'aimais pas, je n'étais pas aimée. Je me faisais mal au ventre à chercher des bruits familiers. Mais c'était toujours l'arme à feu d'Adam qui me réveillait la nuit et je n'avais pas d'épaule pour me consoler. Personne non plus près de moi sur le chemin du ciel de NY, il y a des moments où notre existence ne côtoie que des sièges vides. Personne à qui parler, personne à entendre. Ni histoire d'amour, ni histoire tout court, juste un siège à remplir de mon imagination. Tu es en prison dans ton sujet semblait me dire la vie. Je suis seule comme Adam. Ça fait mal dedans. L'arbre fait-il du bruit quand il tombe dans la forêt vide ? Pourquoi l'histoire fait-elle des ricochets dans ma tête malade ?

Elle dit qu'elle préfère qu'on ne le touche pas. Vaut mieux pas. Adam peut avoir des crises. Elle l'exprime avec ces mots : « des élans violents ». Il peut entrer dans des colères folles. Elle s'étonne de lui comme d'un animal, comme s'il n'était pas là. Il n'aime pas ça. C'est pire pour lui d'entendre sa mère parler de lui comme ça que si Bob le touchait. Bob est un voisin. Il s'en souvient bien. Il a des moustaches et il fait des barbecues ou il s'en souvient. C'est sa passion. Cuire des choses. Adam n'approche pas du feu. Pourtant, il voudrait bien que Bob l'autorise à retourner des côtelettes. Ça ne l'aurait pas dérangé qu'il lui tapote le dos et lui montre comment griller les ribs. Au lieu de ça il est loin, il le contourne comme un gosse malade. Nancy se plaint. Elle dit qu'ils ont vu des spécialistes. Même ce chauve de New York qu'on voit dans beaucoup d'émissions. Rien à faire. Adam est sauvage. Nancy a voulu le laver l'autre jour et il a hurlé, hurlé qu'elle s'éloigne.

Elle parle un peu plus bas pour raconter à Bob. Comme si Adam était sourd. Elle discute tout le temps de son cadet. Il se sent ridicule.

Il sait ce qui s'est passé ce soir-là. Il ne voulait pas qu'on le touche. Il a pensé aux secrets à ne pas dire et il a crié contre eux. Et sa mère a pensé qu'il hurlait contre elle. Elle n'a rien compris. Elle ne parle jamais la langue d'Adam.

Il lui disait : « Va-t'en ! Va-t'en ! » et elle aurait dû entendre protège-moi, serre-moi, maman, mais elle n'a pas traduit ses mots.

Il est resté debout dans la baignoire avec le zizi plein de mousse. Il a eu froid très longtemps. Il est sorti sans glisser et il a mis des vêtements sur sa peau mouillée. Dehors il faisait froid. C'était novembre. Il s'est couché sans voir personne. La maison entière chuchotait sur le souvenir de ses cris.

Je n'ai pas encore rencontré Sophie. J'ai une journée de liberté à New York. Elle m'a envoyé un mail pour me souhaiter la bienvenue et un autre juste après pour me donner de nouvelles infos. Dans le rétroviseur du taxi jaune le pont de Manhattan et le visage du père d'Adam commencent à prendre forme. Peter Lanza travaille dans une banque. Il gagne pas mal d'argent. Il a été absent une bonne partie de la vie de son fils. Quand il a quitté sa mère pour une autre femme, Adam n'a plus voulu le voir. Le père payait pour sa tranquillité. Il les a installés dans une grande maison cossue. M. Lanza n'avait pas entendu le son de la voix d'Adam depuis deux ans. Il a mis deux semaines à demander le corps de son fils de façon anonyme.

Les États-Unis eux non plus n'ont pas de papa. Ses héros encore moins. Zorro tente de parler à son père mais en vain, il est là mais loin, il n'y parvient jamais. Spiderman ou Batman sont orphelins. Leur délire les pousse alors vers le bien mais il est rare que l'absence d'autorité parentale soit un signe de bonne santé mentale. Un trou dans l'image paternelle a toujours donné lieu à une violence non régulée. Avec le temps, on aurait pu penser que les fils fondateurs des États-Unis auraient évolué en pères mais il n'en est rien. C'est presque devenu la règle : Les *singles mums*. Un statut à part entière, comme on est gay, mariée ou célibataire, on est mère célibataire, on se présente et on se définit comme telle. Et encore, c'est une place plus enviable que les nanas sans mec ni enfant qui vivent pour le yoga, les *it bags*, l'alimentation bio et espèrent en lisant des ouvrages bidon sur la pensée positive. Les femmes ne dépendent plus des hommes. Donc les mecs castrés procréent et fuient. La grosse pomme est pleine de jolies blondes qui me toisent, c'est une grande course vers l'espoir phallique. Un grand jeu de rôles. J'avoue que les Américaines me font sérieusement flipper. Je comprends qu'on ait peur de se les taper, ou du moins de rester après le petit déj.

Alors, qui joue le rôle du papa dans la société américaine ?

Un être carré, moralisateur, dissipé parfois, toujours présent : le poste de télévision. Je l'allume quelques instants pour ne pas m'endormir sous la douche de ma chambre d'hôtel. C'est un de leurs talk-shows sensations, celui-ci titre : « Ma fille est grosse »… insultes et applaudissements du public. Les jeux du cirque sponsorisés par des gélules amaigrissantes à la théine. Le matriarcat étant de facto et non de droit, les mères se retrouvent malgré elles à devoir prendre le rôle du père. On reste dans la même idée avec la suite : « Mon enfant ne m'obéit plus. » Depuis une vingtaine d'années maintenant on parle d'une nouvelle maladie : l'hyperactivité enfantine. De plus en plus, les mères se fient aux médicaments pour traiter le trop-plein d'énergie de leurs rejetons et les pilules remplacent la présence parentale. Comme si un enfant agité c'était anormal. Un enfant dont on ne s'occupe pas court évidemment partout ! Notre génération pense que les enfants et leurs parents doivent s'aimer naturellement. Mais il n'en est rien. Ce n'est pas une donne naturelle mais culturelle. Avant on te demandait de respecter tes parents, pas de les aimer. Et nous non plus ne sommes pas obligés d'aimer nos enfants. Les gosses répondent à leurs mères abattues, et d'autres femmes élèvent la voix sur les voix stridentes des génitrices, c'est une cacophonie inutile. Les enfants regardent face caméra et l'affirment : ils feront ce qu'ils veulent. « Qui aura le dernier mot ? » dit le présentateur qui lance la pub hilare. La pub aura le dernier mot, elle gagne à tous les coups. L'apparition de la fiction de la vie fait que tout est un jeu, alors plus rien n'est drôle. Il faut que je sorte. Ici, je vais m'endormir. Le décalage horaire rend tout cotonneux.

Je marche dans Meatpacking District. Les anciens entrepôts de viande sont devenus des restos à la mode ou des galeries d'art. Je me balade dans New York et je me sens bien.

Je me demande si la maman d'Adam l'aimait. Je me dis qu'il l'a peut-être tuée pour ne pas la baiser. Parce que son œdipe était sa seule issue. Il ne connaissait pas une seule fille. Personne ne lui rendait visite. Il faisait peur. Il la haïssait sans doute comme les gens qu'on désire.

Et son papa télévision ? Hein ? Il lui a appris quoi ? Dis, papa, on joue à tuer des gens ?

Son père est parti le mois dernier. Il n'a pas vraiment expliqué les choses à Adam. Il a simplement dit : « Je pars » comme on sort acheter du pain. Mais Nancy chialait, boursouflée de morve et le mouchoir qu'elle tordait dans sa main était plein. Nancy ne pleure pas quand son mari va acheter du pain. Adam n'a pas répondu, alors son père est sorti. Sur le palier, Peter a dit à Nancy qu'il s'organiserait pour le reste de ses affaires. Il a laissé la moitié de ses fringues. Il a démarré sa voiture et il ne s'est pas retourné. Nancy dans un sursaut a pris une de ses chaussures et l'a balancée sur la voiture qui s'éloignait déjà. Adam a compris que son père partait pour longtemps.

Adam a fouillé hier. Il cherchait un indice. Sa mère a dit qu'il s'était barré avec une autre femme, avec une pute, elle a dit, ou une salope. Adam espère trouver sa photo. Il ne trouve rien.

Ce matin, il porte une chemise de son père. Il la boutonne jusqu'au col. On dirait que sa tête sort de ces costumes en carton dans lesquels on s'imbrique pour faire de jolies photos. Sauf que le cliché est moche. Tout paraît trop grand. Et les pompes et le pantalon et le menton.

Ses cheveux sont coupés en forme de casque de Jedi. De façon à ce qu'il puisse voir avec ses grands yeux écarquillés à la fois gentils et fous, ce qui le rend terrifiant ou risible selon les instants. Ils sont dix garçons sur la photo. Les autres sont à l'aise ou frondeurs. Ils prennent des poses, se mordent les lèvres, s'adossent au mur. Adam tente en vain d'habiter son corps, il trimballe sa carcasse maigre et c'est déjà trop lourd. Le psychologue de l'école le soutient de son regard. Il sait que ce n'est pas simple pour Adam d'être près d'autres gens, de regarder un appareil comme on affronte l'avenir. Adam ne veut pas figer ce qu'il est. Il voudrait s'en échapper. Il porte la chemise de son père comme une armure en coton qui gratte.

Hellloooo… ! Une fille au large sourire contrôle mon billet. J'ai l'impression d'une vieille amie que je n'ai pas vue depuis longtemps. Pour un peu, elle me tomberait dans les bras. Elle me demande sur le même ton qu'aux trois cents autres personnes qui sont entrées comment je vais aujourd'hui et je marmonne un *fine, thank you.* Elle semble s'en réjouir. Gentillesse déstabilisante pour une Parisienne habituée à subir les sautes d'humeur de ses concitoyens. J'ai beau avoir lu Tocqueville et savoir que le contrat social américain est différent du nôtre, j'ai du mal à me laisser faire par cette gentillesse prétendue naturelle. Je sais d'où elle vient. Dans une société ultra-individualiste, quand on sauve la patrie c'est pour sauver sa propre peau. Quand on est poli c'est pour gravir les échelons sociétaux. Les autres n'existent pas. Alors, ce sourire n'a pas de sens. Tuer massivement serait donc l'inverse haineux du sourire permanent. Et après tout, pourquoi pas ?

On me demande gentiment à nouveau d'avancer.

J'attends d'entrer dans le nouveau show dont tout le monde parle : *Sleep No More.* La compagnie théâtrale Punchdrunk a investi un hôtel désaffecté depuis la Seconde Guerre mondiale et retapé pour l'occasion, le mythique McKittrick, afin d'y jouer *Macbeth* de la façon la plus étonnante qui soit. Le spectacle n'a pas lieu sur une scène que nous regardons passivement, l'histoire se déroule sur les cinq étages de l'hôtel et le public y pénètre le visage caché par des masques blancs, les visages des *Anonymous.* On suit un personnage et on vit son histoire. Autant dire qu'une pièce a autant de versions qu'il y a de points de vue sur scène et que personne alors ne verra la même pièce puisqu'on se perd, qu'on choisit, puisque le destin nous aide à voir ce qu'on est venu chercher.

J'attends. Je ne sais pas ce que je veux trouver au fond ni ce qu'on me réserve. Dans la file du McKittrick je suis encore l'ancienne Amanda. Je suis enjouée, je vais voir un show incroyable comme seuls les Américains savent en faire. Ma vision du monde est manichéenne, mes nuances n'en sont pas. Je suis endoctrinée et acquise à la cause des « gentils ». Je suis là pour comprendre comment, au pays des gentils, un type est devenu méchant. 95 % de la fiction américaine n'est pas plus évoluée que ça.

On sépare les gens pour que chacun vive sa propre expérience. Je suis venue seule. Je regarde les murs pour ne pas fixer mes pieds, je pense à cet endroit dont mon papa me parlait quand j'étais enfant… La maison du facteur Cheval de l'Amérique : la maison Winchester. Des murs et des murs dressés par une folle qui pensait conjurer le sort. Sarah avait vingt-trois ans quand elle séduisit son mari, le plus gros parti d'Amérique : l'héritier Winchester. Petite bonne femme pétillante et intelligente, Sarah lui a donné une fille, mais celle-ci est morte quelques mois après. Puis ce fut au tour de son mari…

La voilà seule, à la tête d'une immense fortune. Sombrant peu à peu dans la folie, Sarah voit tous les mages et médiums possibles. Elle pense qu'elle peut communiquer avec l'esprit de son regretté mari et de son bébé. Un des voyants lui demande de construire une maison pour apaiser les milliers d'âmes tuées par la fameuse carabine dont elle porte désormais le nom. Cette arme qu'on voit dans les westerns, qu'on pourrait tous dessiner de tête et qui a décimé des centaines de milliers d'Américains durant la guerre de Sécession et après… Sarah décide donc que cette maison sera sa pénitence et qu'elle construira sans relâche des pièces et des pièces pour semer les esprits et que l'âme de sa petite fille soit en paix. Cette maison qui est devenue un musée depuis est un labyrinthe sans fin, elle fait cent soixante pièces et s'étend sur six hectares. Dans chaque pièce, il y a un escalier. Certaines marches mènent à d'autres étages, mais beaucoup sont des trompe-l'œil ou montent et redescendent sans raison, atterrissent sur des murs ou dans des cheminées. Avec pour autre obsession le chiffre treize. Treize vitres dans chaque salle, treize marches, treize mètres… Sarah Winchester est la métaphore de l'histoire d'un pays qui réussit, et agrandit sa maison qui a l'air sublime vue de l'extérieur mais n'est qu'un enchevêtrement de pièces inutiles et tente en vain de semer ses fantômes. Quand la maison a fait sept étages, un tremblement de terre l'a en grande partie démolie. Sarah y a vu l'œuvre du malin et s'est battue, elle a tout reconstruit.

« Interdit de parler. Interdit de tenir la main d'un ami. Vivez l'expérience par vous-même. »

Ça y est, le show va commencer, ils appellent ça une cession. On entre dans l'hôtel McKittrick. C'est là qu'ont été tournées de nombreuses scènes du *Rebecca* d'Hitchcock. Encore une histoire de fantôme. Celui de la première femme de Maxime de Winter qui ne quitte pas la maison ni le cœur de son mari… Et puis le premier film américain du petit rondouillard et génial british Alfred. Comme *Sleep No More* est la première pièce américaine de la compagnie anglaise Punchdrunk. Moi aussi je crois en ça, je l'avoue ; je crois en les ponts entre les choses, je crois en ces coïncidences qui font trembler l'échine comme des signes du hasard qui nous ligote le parti pris. Je ne crois pas en Dieu mais dans les esprits malins, sans doute oui. La légende veut que prononcer le mot Macbeth dans un théâtre porte malheur... Les acteurs disent « la pièce écossaise » pour ne pas risquer de contrarier le destin. Nous sommes dans un hôtel, non... ? Ce n'est pas un vrai théâtre, c'est permis. Et si je le susurrais juste ? Je souris en moi, mais je n'ose pas. C'est ça que je suis venue chercher. C'est ce que je réalise soudain. Je suis là pour sauver des fantômes. Je pense ça, je pense à la veuve Winchester, à Laurence Olivier et Joann Fontaine, aux enfants qu'on a tués quand je pénètre dans la première salle de *Sleep No More*. Tout autour un tas de visages blancs me glacent le sang.

Je décide de suivre Lady Macbeth et je pousse la première porte.

Il sent son sexe sous les draps et c'est comme un affront incessant. Il voudrait le taire. Il n'y a que sa mère dans cette maison. Le visage de Suzy, il l'a presque oublié. À force, il est recouvert de foutre sec. Il ne sait plus que projeter sur ce désir vierge de représentation. C'est juste ça, il bande comme un sale animal, lui qui ne voudrait être qu'un esprit. Sa main descend le long de ses côtes et se saisit de cette queue qu'il n'a pas lavée depuis plusieurs jours. L'eau le dégoûte. Il est certain qu'elle est polluée, qu'elle est infectée, qu'elle laisse sur lui les milliers de particules qui traînent dans les tuyaux qu'elle traverse. Peut-être même que l'eau a touché d'autres corps d'hommes avant ? Sûrement on ne dit pas la vérité. On refile l'eau d'un corps à l'autre. Qu'est-ce qu'on en sait après tout ? Ça aussi ça agite son esprit mais pas assez. La trique reprend le dessus. Il s'active sur sa queue, écœuré de ne pouvoir faire autrement. Il la secoue en rythme et ses larmes tombent en même temps. Il les bouffe, il les lape, et il crie, il hurle. Une plainte sourde et bestiale. Il est en sanglots, la main pleine, quand sa mère frappe à sa porte.

Adam ? Adam, tout va bien ? Adam, réponds-moi, s'il te plaît.

Il ne répond pas.

Dans le désordre je me souviens de Macbeth nu dans une baignoire, elle le lave, il est plein de sang. Elle frotte avec soin ses mains, faire disparaître les traces de péché, vite, vite. Sous nos masques blancs, nous nous approchons. On nous offre le luxe d'être des fantômes. Pas le droit de parler, pas le droit de toucher, mais s'approcher au plus près d'êtres qui vivent en niant notre présence.

Comme Adam Lanza.

Les trois sorcières annoncent à Macbeth qu'il sera roi.

J'ai vu un homme avec un serpent. Je me suis éloignée. J'ai peur des animaux à sang froid. Dans cette pièce, il y avait aussi une femme à barbe. Est-ce leur représentation d'Adam et Ève ? L'Ève contemporaine, l'Ève d'Adam Lanza a du poil au menton ? Et c'est lui qui tient le serpent…

Un mélange de musique jungle, vieillotte, est d'un charme tout à fait désuet, du Benny Goodman, du jazz de grand-père et puis on pousse la porte et on est dans une boîte de nuit.

Je reste un long moment dans un grand bal. C'est beau. Je voudrais en faire partie, mais nous sommes des acteurs passifs. Nous ne pouvons que regarder, que subir. Ça me pousse à partir, je voudrais participer.

Comme Adam Lanza.

Lady Macbeth erre somnambule pour se laver les mains, elle les imagine pleines de sang. On ne sort jamais vraiment d'un endroit, on entre juste dans un autre. Une femme enceinte se fait balancer contre un mur par un mec en smoking. Je réalise que certains acteurs secondaires jouent des scènes en boucle pour que le public qui entre et sort puisse tomber sur la scène. On force la femme enceinte à boire de l'eau empoisonnée. Deux femmes nourrissent une chèvre au sein. Un mec complètement nu. On force la femme enceinte à boire. Je recule encore. Il y a des berceaux ensanglantés. Ça me blesse.

L'homme et le serpent.

Je recule à nouveau dans le temps pour monter un étage. Je voudrais profiter des choses sans les ramener à mon sujet. Mais tout me parle de ça.

Les moments n'existent pas, il n'y a que la vie. La vie qui fait des boucles.

Je me dis que sous les masques, il y a des êtres monstrueux. Je me sens ivre d'images, de sons. J'imagine Adam au milieu de la foule. Il faut que je réfléchisse comme lui, ce qui veut dire cesser de réfléchir, entrer dans un état second. Le tueur fou, en état d'Amok, de transe dans laquelle ayant tout pouvoir sur la mort, sur des êtres qu'il n'aime ni ne hait, prêt à mourir lui-même, a aboli la métaphysique. Il n'y a plus que du concret dont l'arme à feu est le parangon mécanique qui rend le lointain proche et le prochain étrange.

Il faut que je sorte vite, que je respire, que je voie ce qu'il y a sous les visages identiques de la foule.

Peter tient le porte-bagages et Adam pédale. Il est malhabile, comme une tige de fleur qui cède à la volonté du vent. Il ne semble jamais posé sur la selle. Peter a mal au dos, il est plié depuis des heures, et le grand frère d'Adam aussi plus loin mais de rire. À dix ans, Adam est le seul gosse du quartier à ne pas savoir faire de vélo. Adam s'assure auprès de son père qu'il ne lâchera pas et Peter répète que non, qu'il peut avoir confiance. Ils se mettent à nouveau en position de départ. Adam semble rouler droit cette fois. Il exulte. Peter lâche. Ryan applaudit. Adam réalise qu'il est seul, que son père n'a pas tenu sa promesse alors il panique, il s'effondre, il se jette littéralement au sol avec son vélo. Sa mère apparaît sur le parvis, elle court vers son petit enfant. Elle hurle sur les deux hommes qui rient, qui relativisent. Ce n'est qu'un enfant, ce n'est qu'un vélo, ce n'est qu'une égratignure. Mais Nancy n'entend rien, elle les hait, elle le reprend son petit, son tout-petit, elle le protège, elle le serre, elle le broie, elle l'étouffe de son amour. Elle désinfecte sa plaie. Elle lui lit son histoire préférée, une avec un mille-pattes géant. Elle l'apaise.

Le vélo rouge ne bougera plus du garage.

Je pose mon visage blanc, on me sourit encore. *Did you enjoy it ?* Leurs masques à eux ne tombent donc jamais ? Je retrouve la nuit de New York, ses lumières, ses taxis tous jaunes et tous aimables. Une main se pose sur mon épaule, c'est un homme que j'ai embrassé une nuit à Paris. Il est avec des amis, ils sortent faire la fête, j'ai tellement sommeil que je ne pourrais pas dormir et puis je veux semer mes fantômes alors je les suis.

On se dit c'est amusant de se rencontrer ici alors qu'on ne se voit pas à Paris. On se dit qu'on a aimé *Sleep No More*, qu'on s'est sans doute croisés sous nos masques sans le savoir. On se dit qu'on va finir la nuit ensemble sans jamais rien prononcer. Nos mains se frôlent. J'ai froid, il enlève sa doudoune et me la met sur les épaules. En dessous, il n'a qu'une chemise blanche. Il a froid pour moi. Ça me donne envie de l'embrasser. On arrive Lower East Side devant *The Box*, un joli écrin off Broadway travesti en boîte de nuit qui donne des spectacles burlesques devant un public alcoolisé, riche et décadent. Au balcon, ce sont comme une série de petits salons privés qui ferment avec des rideaux, on se retrouve vite dans des boîtes, d'où le nom du lieu, une boîte dans une boîte et des corps dans d'autres. On allume la salle plus fort, le spectacle va commencer avant de remettre la musique à fond. Sur la scène, en ombre chinoise, une fille qui suce un mec. On ne sait pas si c'est la réalité. Si c'est un gros bout de plastique. Les ombres semblent jouir et la salle ricane ou boit gênée. Ceux qui prennent un air blasé sont pires encore.

Un homme vient me parler, il est anglais. Le corps tout mou. Les cheveux fins, coupe d'enfant. Joli visage. Drôle de manière de draguer : il me propose de la cocaïne, je décline d'une moue. Maladie de ces dernières années. Cette drogue qui se banalise ressemble tellement au mal de l'époque, elle sert à désinhiber la solitude. Elle sert à se sentir plus fort que les autres au milieu d'eux, à protéger sa tour. La cocaïne, c'est Twitter. La distance, l'onanisme, l'atroce isolement de tous dans une population qui déborde. La sensation de s'habiter l'espace d'un instant. Une boîte, dans une boîte dans une boîte.

C'est la nuit d'Halloween. Adam a neuf ans. Il joue sur l'écran de télévision à Super Mario Bros. Il saute, il mange un champignon, il grandit. Il tue des choses. C'est chouette. Il ne veut pas éteindre le jeu. Il lui reste plusieurs vies. Elle l'habille devant. Elle va le faire perdre. Elle ne se rend pas compte que c'est important, qu'il va passer un niveau qu'il n'a jamais atteint. Il s'en fiche de son costume. Il s'en fiche d'Halloween. Il n'aime pas les bonbons tant que ça.

Sa mère tient à ce que tout le monde sorte ensemble. Ils sont nouveaux dans le coin et ils veulent faire bonne figure. Sa mère a toujours des expressions à la con : « faire bonne figure », « tout de go », « prendre les choses en main ».

Adam doit lâcher sa manette. Il regarde la console comme un ami précieux. Il laisse sa mère le tirer par la main. Ryan est en Spiderman. Le costume est un peu trop petit, ou Ryan est trop gros pour lui. Leur mère est une sorcière. Elle porte un gros chapeau pointu, une robe noire et saisit son balai fièrement. Leur père a mis une cape et des dents de vampire. « T'es sûr que tu veux pas que je te maquille un peu ? Ce serait plus rigolo. » Non, il veut bien faire plaisir à sa femme, mais il y a des limites. Il vient de raccrocher avec sa maîtresse. « Tu es sûr que tu ne peux pas t'échapper ? Je te ferais des choses atroces, pour Halloween. Des choses sales. » Mais non, la taule. Debout en vampire, il subit son choix de vie.

Il ferme la porte derrière eux, à double tour. « Nous voilà partis, dit la mère. Zou ! »

*Partout les affiches d'*Amityville *qui va sortir au cinéma. Adam lit bien maintenant et il dit à haute voix « la Maison du diable » et il demande ce que c'est. Ryan lui explique avec sa voix la plus terrifiante qu'il s'agit d'une maison hantée. Une baraque dans* *laquelle un homme a tué toute sa famille avec un fusil. Un jour, une famille vient s'installer dans la maison et, là, les fantômes resurgissent. Ryan mime un rire démoniaque. Mme Lanza lui demande d'arrêter, pour une fois qu'ils sont en famille, pourquoi ne pas s'amuser.*

Maman, c'est Halloween ! Pas un piquenique au soleil !

Et le père dit que c'est sain d'avoir peur. Adam sonne aux portes, on lui donne des bonbons. Puis ils rentrent parce que Nancy dit qu'il « se fait tard ». Sur le chemin du retour, Adam voit un atroce fantôme au visage déformé. Une sorte d'affreux squelette de clown qui le fait hurler, hurler. Sa mère le prend dans ses bras et retire son masque. Adam, Adam, c'est toi ! C'est juste un miroir. Mais son visage en dessous lui fait tout aussi peur.

Ici, je suis une fille comme les autres. Personne ne peut greffer de passé sur mon visage. Les hommes qui s'approchent sont très cash. Les autres ne me regardent même pas. On pourrait croire que l'ambiguïté est décédée. La drague n'a pas survécu au capitalisme suprême.

Il y a des mecs qui viennent me demander sans détour si j'ai envie de coucher avec eux ce soir, ou qui m'abordent comme si on était dans un porno. D'autres qui baissent les yeux.

Mon ami ricane, il me dit que je vais être obligée de rentrer avec lui parce qu'ils s'y prennent comme des manches… Il est drôle, il surenchérit, les imite. Il drague comme un Français, et je le laisse croire que je peux lui échapper… Nous effectuons la danse traditionnelle et ancestrale de la chasse. Tout autour, c'est un entretien d'embauche géant, il n'y a pas de charme, plus de sous-entendus. On pourrait croire que les sourires ne servent plus qu'à saluer les consommateurs qui entrent quelque part.

Moi qui espérais ramener un Américain pure souche qui m'aurait expliqué son enfance dans l'Arkansas et son initiation au tir… Je suis condamnée à ceux de ma race : les survivants du vieux monde de la séduction.

Je lui demande s'il est là pour réaliser un film américain, il se marre.

Moi ? Un film américain ? J'aime trop filmer l'amour.

Et alors ?

Regarde attentivement leur cinéma. On ne te montre pas une scène de cul ou un orgasme sans qu'arrive dix minutes après un bain de sang. Une paire de seins c'est l'annonce d'un drame. C'est la punition, tu comprends ?

Évidemment, je comprends. Ça confirme même ce que je pense. Mais je m'amuse à bousculer ses théories pour voir si on peut les ébranler et détruire ce que nous pensons. Je le contredis donc par principe et lui oppose que c'est bien ici, dans ce pays baigné de calvinisme, dans son terreau puritain que sont nés les élans pornographiques industrialisés.

Ce sont des pornographes punis. Souviens-t'en. Des pornographes en fauteuil roulant.

Le porno, la visualisation du sexe sont le placebo de l'acte sexuel avéré. Codifier le sexe est la nouvelle émergence du puritanisme, c'est le rendre plastique, fantasme en toc prémâché comme on achète un gadget aux normes et sans danger. Où est la vraie sensualité ? L'ivresse des sens ? C'est ce qui manque. Et quand un livre vient l'effleurer avec pourtant moins de brio et de sensualité que les écrits du marquis de Sade il y a trois siècles, c'est un best-seller. Mais là aussi, *Fifty Shades of Grey* est un produit et c'est transformer le sexe en un produit d'appel, l'uniformiser, le désincarner donc ne plus lui prêter les dangers de la perte de contrôle, ce qui ferait dérailler l'être humain de la chaîne de consommation. Surtout ne pas être différent.

Freud explique que la réalité du corps et celle de notre psychisme (c'est-à-dire de nos rêves et de nos fantasmes) ne sont reliées que par la pulsion. En simplifiant les choses : les objets de nos pulsions seraient ceux qu'on investit d'un pouvoir palliatif à la perte originelle, celle de notre mère. L'inconscient c'est ce pont entre la réalité et la vie rêvée. Les objets qu'on charge de ces pulsions transitives sont les bateaux qui permettent de naviguer d'une rive à l'autre. Sans embarcation, on sombre dans la folie.

La pornographie à échelle industrielle est un moyen d'évacuer l'idée du sexe en le représentant à outrance. Les adolescents qui vivent dans un monde surchargé de symboles et d'images pornographiques y pensent moins que leurs aînés au même âge. Là où les générations passées y voyaient une transgression, ils appliquent les formules du consumérisme banal. Cet enfermement représentatif rend l'objet quelconque et tue donc la pulsion qui devrait en découler.

Que faire alors de son érection ? De ses pensées ?

Le monde entre réel et fantasme se floute. Il perd ses repères. Le désir (la sexualité) est désormais part de l'économie globale. Et comme ils savent si bien le faire, les Américains ont développé deux modèles à partir du sexe, deux business plans avec de nombreuses ratifications : le puritanisme d'un côté, et la performance de l'autre. Si le modèle de la performance est assez simplement envisagé et décodé, puisque chaque bite molle est contre-productive et socialement honteuse, celui de la chasteté semblait moins évident. Pourtant, on a tous vu un des mille reportages sur ce fameux anneau de virginité que les papas américains enfilent au doigt de leur fille. On devient une héroïne dans une frange de la société qui se reconnaît et se reproduira ensuite en groupes comme les animaux marqués d'un même troupeau. Désormais l'Œdipe a une représentation, et on le porte comme une fierté. Sensation d'écœurement pour moi de voir ces pères danser avec leurs filles qu'ils promettent à un seul, un peu castré, qui sera sélectionné avec soin. Envie de gerber ces pères qui embrassent leurs filles sur la bouche et les félicitent de ce choix de vie. Même malaise lorsque, enfant, je regardais *Peau d'âne* et Jean Marais en monstre qui enfermait sa fille dans des robes aux couleurs de saisons incestueuses. George Bush avait l'air de trouver l'idée remarquable et il déclarait lors de sa campagne réserver cent trente-cinq millions de dollars pour financer les programmes d'éducation à l'abstinence. Il expliquait très sérieusement qu'il n'y avait aucun risque de grossesse si on s'abstenait. Il aurait fallu lui dire que ne pas réfléchir en revanche n'évite pas de faire des conneries.

Il faudra un jour se marier. Il faudra être fidèle. Même si ça ne marche pas. Même si l'orgasme n'est pas au rendez-vous, que sa peau vous écœure. Il faudra faire avec, mesdemoiselles, vous n'aurez le droit qu'à un essai à vie.

Ainsi, on sépare la « bonne » sexualité, celle qu'on pratique avec sa femme et sert à la reproduction et la mauvaise qui n'est qu'un hobby codifié, qu'on utilise avec des putes ou des salopes, pour cette chose affreuse qu'on nomme le plaisir. Oh non, nous ne voudrions pas êtres des *sluts*, mesdames, attendons bien sagement. Alors, on danse tout autour de moi. On se regarde peu mais on se toise. On sait aux chaussures et à la couleur de la carte de crédit si on a une chance de compatibilité. Et on prend des photos, on les poste sur les réseaux sociaux, pour prouver qu'on s'amuse.

Il ne parvient pas à faire cesser les bruits de rires qui viennent le polluer. Son casque est resté dans la cuisine et il refuse de traverser le salon, il ne peut pas recouvrir sa tête de musique, s'emmurer dans un son qui le protège de la vérité.

Sa mère est seule avec ce type. Il l'a vu par la fenêtre. Sa peau est rose porcelet, il a du bide et il porte une cravate de cow-boy. Adam l'a haï à la première seconde. Il conduit un truck sur lequel il a peint des flammes. Adam adorerait en avoir un, mais ce mec est trop vieux pour ça. Il n'a aucune classe.

Sa mère a frappé à la porte en arrivant et lui a demandé s'il voulait sortir pour dire bonjour à Buck. Adam n'a pas répondu.

Tu es sûr ?

Il en était sûr, oui. Nancy a dit qu'ils buvaient juste un verre dans le salon, c'était il y a trente-neuf minutes et elle riait déjà d'un rire qui veut dire je suis à toi, tu peux me baiser si tu veux. Adam l'entendait très bien ; ces sons-là, tout le monde les comprend. Ce sont des sons d'animaux lubriques. On n'a pas besoin de les avoir vécus pour les traduire.

Pour un lendemain de boîte, je me réveille tôt. Huit heures trente grâce au décalage horaire. Je ramasse mes vêtements trop soir, je m'habille sans bruit, j'embrasse sa nuque, il sourit, tente de me recoucher les yeux toujours fermés. Je dois y aller. Je hèle un taxi dans la rue. Comment fait cette ville pour grouiller de voitures jaunes ? J'arrive en retard à l'hôtel où Sophie m'attend. Je lui explique vaguement la nuit sourire en coin, juste le temps de prendre une douche et de redescendre. Elle m'attend, commande un autre café, complice. Les filles se comprennent dès qu'elles s'avouent leurs faiblesses. Dix minutes après, je redescends en tenue de reporter, en camouflage fille qu'on ne regarde pas. Je m'éteins. Sophie en revanche est très jolie.

Elle semble comprendre ce que je ne lui dis pas : « Parfois une minijupe ça aide à avoir des renseignements. »

Elle veut trouver des choses, moi les ressentir.

Nous allons quelques blocs plus loin chercher une voiture dans ces parkings new-yorkais où les voitures sont empilées dans le sens de la hauteur, des étagères de caisses. Elle a peur de conduire, c'est une boîte automatique, elle est trop française pour ça. Que va-t-elle faire sans les vitesses ?

Je lui explique que ça enlève une difficulté mais ça ne la rassure pas.

Je me dis que c'est très compliqué pour la plupart des gens de se soulager de problèmes quand ils ont grandi avec. Sophie fait partie de ces êtres qui ne veulent pas qu'on leur enlève des difficultés.

Je quitte donc New York au volant d'un gros van. Nous parlons des rendez-vous qu'elle a fixés pour les jours à venir.

Elle prend mon air fatigué pour un air amoureux.

Alors ? Il te plaît ?

Oui, mais non. C'est juste comme ça.

Vous vous l'êtes dit ?

On ne se dit pas ça, si ? On le vit… On le sait.

Sophie m'explique le principe américain de la *Big Discussion*. On peut sortir avec un mec pendant des années, si cette fameuse discussion au cours de laquelle on décide de commencer une relation exclusive n'a pas eu lieu, on est libre. C'est ce contrat oral qui décide du début de la fidélité. C'est très risqué de l'avoir trop tôt, mais c'est aussi angoissant de laisser son mec en rayon trop longtemps.

Je comprends mieux cet affichage de Facebook où on doit choisir son statut marié mais avec deux options :

In a Relationship.

It's Complicated.

L'une des choses les plus choquantes pour les Américains, une info qui a fait les gros titres, c'est qu'Adam Lanza n'avait pas de compte Facebook. Ce qui indiquait forcément à leurs yeux qu'il n'avait pas d'amis. C'est le pays où chaque héros de série est populaire au lycée, tape dans la main des mecs qui passent, joue dans l'équipe de foot ou de *lacrosse*. Adam aurait pu avoir des amis sur Facebook, mais il n'a pas pris le risque qu'on le rejette. Et puis, il était très intelligent d'après ce que tout le monde en dit. Il n'avait pas besoin de cet artifice, il savait pertinemment que personne ne l'appelait, que personne ne l'appréciait et qu'il n'avait en effet pas le moindre ami.

Mais le cumul sur Facebook rassure tellement de monde, on peut mettre un chiffre pour contrebalancer sa solitude. Nous devenons peu à peu les individus d'un troupeau qui ne se touche plus, ne se renifle plus. Nous sommes les membres d'un troupeau qui se suppose et qui pourrait être un leurre. Puisque le troupeau est désincarné, il est fictionnel. Nous, individus de ce début de siècle, nous sommes tous des fictions.

J'imagine la page de Nietzsche sur Facebook :

Fried' Nietzsche

15 octobre 1844

Passionné de nihilisme et de morale

It's Complicated

Dans cette société individualiste présumée qui est en réalité une autre société troupeau, ce que Bernard Stiegler explique dans *Aimer, s'aimer, nous aimer*, les réseaux sociaux ont permis les troupeaux grégaires. Voilà pourquoi la célébrité a autant d'impact. Si plusieurs personnes parlent de nous, nous insultent comme nous aiment, c'est que nous ne sommes plus une fiction, ou du moins que nous en sommes le héros. La faille narcissique comblée éviterait le désespoir. Retirer les réseaux sociaux aujourd'hui augmenterait sensiblement la consommation de Prozac. Mais, on ne peut rien ressentir seul. Il arrive un moment où l'on ne croit plus en soi, à sa propre existence, un moment où l'on se hait pour ne pas s'éteindre tout à fait tout de suite. L'individualisme nous a désincarnés car nous ne pouvons être quelqu'un que dans les yeux d'un autre ou contre un autre. Les réseaux sociaux sont un placebo à ce manque. Nous sommes toujours seuls mais face à d'autres solitudes répondantes. Un écho de solitude. On connaît désormais le bruit du silence. Je me suis inscrite sur Twitter depuis le 1er janvier. Je comprends ce que j'allais y chercher, la vérification de ma propre solitude, le bruit de l'amour qui s'en est allé.

Continuer les schémas archaïques, faire croire au couple idéal, se marier, avoir des gosses. « Réussir son couple » qu'on entend plus que « Réussir sa vie ». L'endoctrinement est partout. Aux États-Unis, on élit des hommes fidèles et heureux avec des enfants bien habillés. On ne cesse de les voir embrasser leurs femmes à pleine bouche durant les campagnes présidentielles. Barack et Michelle envoient sur les réseaux sociaux des preuves d'amour incessantes. Eh oui, Barack n'aime pas beaucoup ça les armes à feu, et il va faire des choses. Quoi exactement ? Quand Barack Obama a été élu, je n'étais pas plus emballée que ça politiquement. Seulement par défaut. En revanche, le jour de son investiture, devant mon écran de télévision, lorsque j'ai expliqué à mes enfants pourquoi le symbole était fort, pourquoi ils devaient se souvenir de ce jour pour le reste de leur vie, je n'ai pas pu retenir mes larmes. J'y ai cru moi aussi. Je comprends maintenant que Barack c'est « le copain noir » qui dédouane les Américains de toute trace de racisme. Comme les tueries de masse justifient le fait d'avoir un flingue. Il faut bien se défendre.

Quelques jours après la fusillade en Arizona, on constatait que les ventes de Glocks 9 mm semi-automatiques avaient doublé. C'est l'arme qui avait servi à la tuerie. Le commerce d'armes légères aux États-Unis a rapporté l'an dernier huit milliards et demi de dollars.

Adam joue devant le confessionnal. Parfois il rentre puis sort. Sa mère ne considère pas que ce soit grave qu'un enfant entende ce qu'elle dit. Ce n'est qu'un enfant qui apprend le bruit que font les animaux. La vache fait meuh, le canard coin et les adultes disent des mots à eux qui ne font pas de bruit dans la tête. Ils viennent d'emménager en famille dans le Connecticut. Il faut bien que ce curé sache ce qu'il y a à savoir pour qu'il comprenne la suite. Alors, Nancy révèle à l'homme en noir derrière les grilles son secret de famille : son papa a abandonné sa première fille dans l'Ohio pour épouser sa mère dans le New Hampshire, nurse de l'école voisine, et y mener une vie de rêve. Nancy a grandi sur les cendres d'un enfant en vie. Elle a tenté de faire mieux aux yeux de son père, elle savait qu'elle avait quelqu'un à dépasser, mais elle n'a pas su qui pendant des années.

Le curé lui dit qu'elle n'avait pas à s'excuser des péchés de son père.

Nancy dit qu'elle se sent coupable pour cette petite fille. Maintenant, elle a des enfants et un mari elle aussi. Elle a l'impression qu'elles sont en compétition. Mais elle ne veut pas la rencontrer, elle la nie. Elle a peur que ses enfants soient mieux que les siens, que son mari soit plus beau. Que la vie l'ait vengée en lui offrant tout ce qu'elle n'a pas.

Ceci pourrait expliquer votre volonté indéfectible de prendre en charge vous-même les problèmes psychiatriques de votre fils ?

Je ne vois pas le rapport.

Ça me semble pourtant clair.

Vous êtes psy ou curé ?

Je suis là pour vous aider, madame Lanza. Pardonnez-moi, mais je n'ai pas retenu votre prénom ?

Ma sœur cachée s'appelle Marilyn. Moi, c'est Nancy.

Elle est sortie avant l'absolution, ils ont allumé un cierge. Adam poussait des cris stridents et courait entre les bancs de bois. Ils sont partis vite.

Quand j'étais ado, on disait les *States* en parlant des États-Unis. Si t'avais des baskets qui venaient des *States*, t'étais la star du lycée. Mon cousin m'avait rapporté une paire de Pump. C'était celles qu'on pouvait gonfler grâce à une sorte de petite pompe à air située sur la languette avant. La mienne était orange et les baskets noires. La classe. Je les ai gardées deux jours. Le troisième, je me suis fait dépouiller par des grands dans la rue, je suis rentrée en chaussettes. On me volait mon petit bout d'USA qui sûrement m'aurait fait courir plus vite. J'ai toujours eu le sentiment qu'un jour, j'irais aux États-Unis. Que ce pays était une promesse. Et que, sûrement là-bas, je trouverais ma place.

Je suis née en 1978, au son de *Grease*. Quand j'étais en âge de fredonner les titres qui passaient à la radio, c'était Téléphone : « Un jour, j'irai à New York avec toi » ou « Tes états d'âme sont pour moi Éric / Comme les États d'Amérique. » Les drapeaux américains étaient un emblème de liberté et le support idéal pour y dessiner des rêves d'avenir. J'ai grandi avec des westerns en version originale, reçu une éducation bilingue dès l'école primaire, construit les bases de ma sensibilité devant *ET* et *Les Goonies*. Il n'était pas question de ne pas parler anglais. J'ai d'ailleurs étudié quelque temps à l'Université de Miami, je partageais ma chambre sur le campus avec une Portoricaine et une Asiatique. Je ne me souviens pas avoir rencontré un Américain pure souche et j'aimais vraiment moins regarder le baseball que le *soccer*, notre bon vieux football européen. Le baseball est un sport de solitudes juxtaposées. C'est un sport de fausses équipes. Chacun a un rôle défini, le mouvement collectif du basket ou du football est moins palpable, il y a un élan et les positions sont poreuses. Le baseball est logiquement le sport phare d'un pays qui repose sur l'individu. La Constitution qui s'ouvre sur *We the people*, ne parle pas d'un nous mais d'un chacun d'entre nous. La France est basée sur la philosophie de Rousseau : le bonheur de la collectivité fait le bonheur de tous. Aux États-Unis, on considère que la poursuite de l'idéal égoïste de chacun est bonne pour la collectivité. Pas de devoir les uns par rapport aux autres mais devant Dieu. C'est une terre qui a été accostée par des Pilgrims, ces protestants idéalistes fanatiques qui s'identifiaient aux Hébreux et qui, une fois libérés de la couronne anglaise, se déclarèrent des hommes libres, une nation à part entière. Sans doute sous l'influence des Indiens d'ailleurs avec lesquels, au début, il leur semblait logique de faire des traités. Là où la France devenait une collectivité de droits et de devoirs, avec pour seules options la vertu ou la terreur, l'Amérique se bâtissait sur l'idée de respect de l'individualité. Jean-Jacques Rousseau contre Adam Smith. Dans une conférence prononcée en 1976 à l'Université de Virginie, Derrida s'amuse d'ailleurs de ce peuple qui a signé la constitution qui lui permettait d'exister comme tel. « L'être et le devoir être », dit-il. L'œuf ou la poule ? Ce peuple artificiel qui décidait donc que cette addition d'individus devenait un tout et que cette supposition préexistait à son histoire et lui permettrait de s'en passer. Son histoire ce n'était rien, rien qu'un peu de poudre et beaucoup de sang.

Parce que ce qu'il est intéressant de comprendre c'est que cette affirmation de l'individu s'est faite à travers les armes à feu. D'abord parce qu'ils posaient le pied sur une terre hostile. L'Amérique était une terre sauvage pleine de loups, de pumas et d'ours. Ensuite parce que les petits gros sans le sou qui embarquaient pour cette terre neuve se retrouvaient soudain avec un flingue dans la main à égalité avec les autres et plus forts que les beaux Indiens.

Ainsi est né le second amendement de la Constitution américaine qui décrète que chaque américain est en droit de posséder une arme à feu. Et l'axe qui sert d'idée de départ est loin d'être idiot. Il est vrai qu'aucun fou qui tire sur une population (même sur des enfants) n'a fait autant de dégâts qu'une armée qui tire sur une autre. Les Américains estiment que la violence n'a pas de raison d'être l'apanage de l'État. Le fait d'avoir une arme à feu est donc la chose la plus banale qui soit. Les Américains pragmatiques le formulent d'ailleurs comme les enfants : si les méchants ont des armes à feu, il faut que les gentils puissent être à égalité. Les méchants et les gentils, monde manichéen s'il en est. Les nuances (en dehors des 50 de grey) ne sont pas l'étendard yankee. D'ailleurs, le héros américain par excellence, le gentil, celui qui constitue la mythologie de l'Amérique, le Vengeur masqué : Zorro puis ses avatars super-héros Superman, Batman et compagnie n'ont pas d'arme à feu. Zorro chez son inventeur écrivain de romans de gare avait un revolver, mais lors de son passage au cinéma, à Hollywood, il y a renoncé pour le seul fleuret. Le flingue est la preuve tangible qu'on n'a pas de superpouvoir et qu'on en cherche un tenant lieu, une prothèse. Au cinéma (en rêve ou plutôt en prêt-à-rêver) on peut s'en passer. Chaque rêve est accompagné d'une érection, pas besoin de flingue.

Je me souviens d'une interview de Clint Eastwood. Le journaliste surpris qu'il n'ait pas de garde du corps lui demandait si avec sa réputation de gros dur cow-boy il ne se faisait pas emmerder dans les bars et il avait répondu : « *I can take care of myself.* » Et toute l'Amérique était dans sa réponse. L'individu s'affirme par sa capacité à se défendre seul.

L'égalité est donc définie par la possession d'une arme. Cette collection d'individus égoïstes rencontre quand même un problème puisque certains sont plus doués que d'autres. Alors non seulement on invente le fait que cela fasse rêver et porte la nation dans son entier mais on invente le leurre ultime de l'égalité et de l'accès à l'identité collective : la fabrication en série.

Contrairement à ce que nous imaginons, le premier objet manufacturé en série ce n'est pas les voitures Ford mais les pistolets Colt.

Colt, Winchester, Browning, Smith & Weston, tous imbriqués dans l'histoire de la mise au point des premières armes automatiques, sont devenus des marques et des noms communs, comme le Frigidaire.

Pendant la guerre de Sécession, les Américains sont armés à tour de bras. Et Colt vend sans autre idéologie que celle de gagner du fric, aussi bien au Nord qu'au Sud. Vive les États-Unis ! Lincoln estime que s'ils veulent devenir un peuple il faut à la fois limiter les droits de chacun, mais que ces droits soient totalement égalitaires. On fabrique le marketing pour mettre un ruban autour de la consommation de masse. Et qu'est-ce que la publicité sinon la fabrication imaginaire d'un désir collectif ? Le problème c'est que cette définition est aussi celle de la folie.

Mais c'est vrai que tout le monde devrait avoir le droit d'avoir des Pump, c'est ce qu'ont dû penser les mecs qui m'ont laissée en chaussettes.

Il l'a eu. C'est la première fois qu'il réussit quelque chose. Nancy lui a promis qu'elle lui donnerait sa Honda noire, que ce serait à lui, qu'il pourrait faire des tours, des tas de tours, partir où il voulait.

Adam roule à fond. Il n'a pas peur des flics. Il n'y en a pas. Il ne voit personne.

Il croise des camions. Deux. Et un voisin qui lui fait signe.

Il s'arrête devant le KFC et s'achète une boîte de cuisses de poulet. Il les mange dans la voiture. Il ne reste que des os. Ses doigts collent un peu au volant. Il roule jusqu'à son école. Il passe devant sans trop savoir pourquoi et il balance le seau d'os par la fenêtre. Il accélère un grand coup. Il est assez fier de lui, comme ces mecs à la téloche. Rebel.

Il va jusqu'au ranch aussi mais il n'a pas pris son arme et puis Nancy préfère qu'ils y aillent en famille.

Alors, il se dit qu'il va rentrer chez lui.

Il pensait qu'il serait plus libre avec son permis. Il réalise juste l'ampleur de sa prison.

Devant la façade blanche de leur grande maison, sa geôlière l'attend toujours, elle sourit, elle lui fait un signe enthousiaste de la main, elle l'encourage comme un gosse qui fait son premier tour de toboggan. Ce serait tellement simple de ne pas freiner, de lui passer dessus.

Adam tire sur le frein à main.

Il y a une sorte de deuxième ciel au-dessus des lieux maudits. C'est un ciel physiquement différent. Un ciel opaque qu'on croirait plafonné. Un ciel qui a une limite. Un ciel dans lequel aucun Dieu ne trouverait sa place. Le ciel de Newton est bas, il est presque blanc. De cette couleur douteuse des slips adolescents. Est-ce que c'est ça la nuit américaine ? Il fait tout le temps nuit ici, même en pleine journée. On dirait des décors ratés. Tout est en contreplaqué.

Je conduis depuis New York. Sophie nous guide avec le GPS de son iPhone. C'est comme si nous avions basculé ailleurs depuis quelques kilomètres. Les gratte-ciel de New York ont laissé place à des arbres géants et décharnés. On dirait de grandes mains de zombies qui griffent les nuages. Il y a encore beaucoup de neige. Il fait froid. Ici les rues n'existent pas, on vit dans les voitures. C'est un désert de corps. Je me sens mal. Des maisons, des restaurants comme des usines, des centres commerciaux. La différence semble ne pas exister. C'est étrange pour un pays qui salue la particularité en art. À New York, on célèbre la différence, les musées prennent des risques. Ailleurs, il faut surtout respecter les codes. Les tueurs de masse rêvent de sortir de la mêlée justement et pensent être différents. Mais leurs crimes aussi sont des actes d'imitation. Ils portent tous les mêmes fringues, se comparent les uns aux autres. Comme des joueurs devant un écran vidéo. Ils reproduisent comme si on apprenait à faire l'amour devant des pornos. Mêmes gestes, mêmes mots, même vanité.

On pose nos affaires à l'hôtel. Un parking au milieu de nulle part. Des salles de réunion. Des gens en conférence. De quoi on parle ici ? De la vente de poissons panés. Rien ne fait croire qu'autre chose existe, on est officiellement un maillon de la chaîne alimentaire. Je ne me suis jamais sentie si seule. Si inutile. Un numéro sur une liste jetable.

Tout m'apparaît douloureux, je bouffe toutes les images comme si j'étais Adam soudain. J'ai planté Amanda à New York. Je me dis je comprends, je comprends qu'on se tue ici. Il n'y a rien contre quoi se battre. Quelle est la promesse ? Une plus grande maison dans un désert affectif. Les gens sont obèses et moches, ils ont des crédits et des rêves en série.

Maintenant que ton frère est parti aussi c'est toi l'homme de la maison, Adam.

Tu m'entends ?

C'est toi l'homme de la maison. Tu dois me protéger.

Monrow. Ville voisine de Newton. Sophie et moi avons rendez-vous pour tenter d'obtenir notre permis de port d'armes. On tourne dans Pepper Street. C'est la rue du Cimetière. Ça ne s'invente pas. D'un côté de la route le ranch, de l'autre le repos éternel.

Nous avons quelques doutes en nous garant. Il y a une tête de mort et des menaces sur des cartons, des vieilles voitures de collection. C'est pourtant bien l'adresse. À l'intérieur, on croirait ces pièces sombres dans lesquelles on prend les cours de code pour le permis de conduire. Nous nous asseyons dans une petite salle. Vingt-cinq personnes. Sur des chaises solides en plastique épais. Autant de femmes. Des grosses et moches surtout. Un jeune couple black mignon. Des blancs rougeauds avec une peau dégueulasse. Ça transpire le sucre et le gras par chaque pore. Un beau mec, pas trente ans, barbe de quelques jours, traits fins, lance un film à l'aide d'une télécommande sur la télévision surélevée comme dans les chambres d'hôpital.

Musique dramatique et gens qui tirent à l'instar des pires films de série Z. Une bande de filles glousse sans raison. Comment on charge une arme, les termes techniques. Des poursuites… Un intrus dans la maison. Vite mon flingue ! Vraie mise en scène. Le film s'arrête avec un slogan : *Personal protection of your home*. Évidemment, tout cela n'est que de l'auto-défense.

Le jeune instructeur se tourne : « Des questions, les mecs ? »

Rire général.

Sophie et moi sommes arrivées en retard. On nous a accueillies chaleureusement. Les gens se sentent faire partie d'une même équipe, la secte sympathique des gens qui veulent se servir d'un flingue.

Le beau mec nous félicite d'être là. Nous sommes des Américains responsables.

Il nous explique les trois règles basiques de la NRA : la « National Rifle Association », une association à but non lucratif, évidemment, qui sert à promouvoir des armes, ben voyons… Tout le monde sait ce qu'est la NRA aux États-Unis, un des lobbys les plus puissants du pays. L'acteur Charlton Heston l'a dirigée pendant cinq ans ; c'est de chez lui que, dans son documentaire *Bowling for Columbine*, Michael Moore se fait virer après avoir tenté de le faire parler.

L'éternel connard qui a révisé est assis devant moi et veut absolument décliner les trois règles de la NRA. On l'applaudit bien fort.

Trois règles officielles pour une seule officieuse : enrichir les fabricants d'armes. 1. Toujours pointer son arme vers le sol ou vers un endroit qui ne présente aucun danger ; 2. Ne jamais mettre son doigt sur la gâchette, ça, c'est juste dans les films ou pour tirer ; 3. Ne pas charger son arme avant d'être prêt à s'en servir.

L'instituteur beau gosse reprend : « Si vous avez du bon sens, vous comprendrez. Les gens qui se posent trop de questions se plantent. »

Le prof met une arme dans ses mains pour nous montrer. On sent tout de suite qu'il nous maîtrise, pas par son charisme ni son discours, mais il a une arme et nous pas. Il nous rassure, ici on n'aime pas les tarés de la gâchette, on aime les types responsables, les gentils, les mecs sûrs d'eux et droits dans leurs bottes. Il faut être responsable avec son flingue. On a le droit à un autre petit film de la « National Rifle Association » dans lequel un mec tire sur des bidons de peinture… rouge.

Je vous encourage à aller voir le site Web de la NRA. Il y a plein de trucs cools, des extraits vidéo de mecs qui défendent leurs familles contre des intrus. On nous apprend le jargon des types armés, attention de ne pas employer les mauvais mots sinon les gens vont vous prendre pour des débiles.

On parle de *fun* ou d'accidents, pas de mort, jamais. Pas de ce qui s'est passé à quelques kilomètres d'ici, il y a deux mois.

Il n'y a que de bonnes raisons de rejoindre la NRA. L'argent va entre de bonnes mains : ils font tout pour qu'on puisse garder nos armes. Ils se battent contre leurs tentatives de nouvelles lois qui veulent nous priver de nos libertés. C'est ce qui compte pour eux, la justice. Ils s'en fichent pas mal de vos quelques dollars, ils veulent juste qu'on vende des armes à des personnes responsables. Vous êtes responsables ?

Oui ! Oui !

Attention de vous entourer de gens bien ! Si vous sortez avec une fille hystéro qui a la première occasion crie et appelle les flics, changez de nana ! Parce qu'ils vont vous retirer votre permis de port d'arme !

Franchement ! Qui n'a pas envie d'avoir un flingue ? Soyons réalistes !

Ouais, ouais, ils hochent la tête. Tout le groupe est bien d'accord. C'est bien la NRA.

Et surtout, ils vous offrent une assurance gratuite pour vos flingues. Vous rentrez chez vous, vous nous aimez sur Facebook et vous vous inscrivez direct à la NRA. Ils vous enverront les papiers pour l'assurance, vous les renvoyez et hop, c'est à vie.

Et vous aurez cette super jolie casquette noire avec NRA en grosses lettres jaunes sur le poster là, c'est bien, discret, et juste pour ça, ça vaut la peine, non ?

Rires gras. Les blagues sont rodées.

Sans déconner les mecs, c'est les seuls qui font ça pour nous ! McDo fait quoi pour vous ? Rien, ils vous paient pas le nutritionniste après. Là, c'est gratuit. Surtout, ils se battent contre ces lois que le gouvernement veut faire passer et qui vont nous empêcher de nous défendre, on veut nous enlever nos droits élémentaires !

Sans déconner, qui n'a pas envie d'un flingue ? Sérieusement ? Il y a un film qui montre comment nettoyer son flingue aussi et ça, c'est important. Faut en prendre soin, comme d'une partie de votre corps.

Allez ! On va tirer ?

On a des gauchers ici ?

Un jour, on a eu dix-huit gauchers sur vingt-quatre personnes ! C'était dingue !

Et s'il y avait dix-huit psychopathes, ou juste dix-huit personnes fragiles ?

Sophie est en jupe, elle est très jolie, pas loin de l'âge du prof. Il n'a jamais croisé son regard de manière ambiguë, jamais montré le moindre trouble. Pas bougé. Pas souri en sa direction. Règle numéro 1 : ne pas pointer son regard en direction du danger. Les blagues s'adressaient à tout le monde, Sophie a tendu une perche, il s'en est servi pour lui barrer la route. Règle numéro 2 : ne pas mettre son doigt sur la gâchette sauf pour tirer. Règle numéro 3 : les bites de jeunes Américains ne sont pas chargées quand elles ne sont pas sûres de servir. L'intrusion de l'amour ne fait pas partie de la vie ni du hasard. Le romantisme vient en condition, dans un endroit prévu à cet effet. La vie entière est codifiée.

Nous sommes en cercle en demi-groupes. Travaux pratiques.

C'est à mon tour de saisir le pistolet, je mets la balle dedans, puis je montre comme je désarme. Mes mains tremblent, je n'avais jamais tenu une arme avant. On m'applaudit puis je passe le flingue et les munitions à ma voisine.

Il voudrait être comme les autres. Que ses gestes soient simples. Dérouler une jambe puis la suivante, marcher comme dans les films avec nonchalance. Regarder les filles dans les yeux jusqu'à ce qu'elles les baissent. Allumer des clopes. Ne rien en avoir à foutre. Affronter le soleil. Le sentir sur sa peau et la tendre vers lui. Ne pas mettre la tête dans son cou, ne pas vouloir disparaître. Faire des passes décisives. Qu'on lui tape dans les mains.

Il voudrait.

Adam a peur du jour.

Adam a peur que la nuit s'éternise.

Adam a peur de desserrer les mâchoires.

Adam a peur de vivre sans sa mère.

Adam a peur de vivre avec sa mère pour toujours.

Adam a peur de la vie. Elle lui est douloureuse.

Personne ne recolle jamais les petits bouts de son narcissisme taché, sali à jamais dans une pièce sombre quand il était enfant. Le silence et la fuite ne guérissent de rien.

Ici au ranch, c'est un sacré mec. Il vise bien. Il est précis et efficace. On lui fout la paix quand il ne parle pas.

Nancy faisait ça avec son père aussi. Sur le chemin du retour, il lui achetait toujours un beignet de chez Joe. Elle aimait l'odeur de son père quand il avait tiré. Un parfum de poudre, de virilité.

Alors elle fait pareil avec Adam, pour qu'il devienne un homme à son tour.

C'est les seuls moments où elle voit apparaître un sourire sur le visage de son enfant. C'est leur lieu de communion. Il respecte les règles de l'endroit, il nettoie son arme, il est appliqué. Il se sent part d'une famille.

C'est comme au début de l'histoire avec Peter, quand ils allaient ensemble voir des matchs des Red Sox, les soirs de victoire il la baisait comme jamais.

Nous avons tourné autour sans trouver la rue. Tout se ressemble. Il y a de la neige et des grandes maisons avec des boîtes aux lettres devant. Des drapeaux américains. C'est un quartier où chaque maison vaut plus d'un million de dollars. Adam ne vivait pas dans une zone sinistrée, sa haine ne venait pas du manque d'argent.

Nous avons entré l'adresse dans le GPS du téléphone mais ça ne capte pas. Alors nous cherchons, il y a comme une excitation malsaine. Comme les enfants qui se cachent les yeux devant les films qui font peur mais écartent les doigts pour voir un peu quand même. Ça y est, c'est bien celle-là. Nous la reconnaissons. Il y a une boule dans ma gorge. Je dois avouer que je crois aux ondes, aux lieux chargés, à l'histoire qui habite les endroits, comme les lieux trahissent nos destins, les modèlent, les griffent. Devant la maison d'Adam, je joue à la dure, mais dedans c'est rayé comme un vieux disque. Je ressens un malaise qui bouscule tout de moi. Nous avançons dans l'allée. Nous nous garons devant. La nuit est proche. Le ciel est blême. La police a cloué d'énormes planches de bois pour obstruer portes et fenêtres. Il reste une couronne de Noël qui nous nargue devant la porte : « Bienvenue en enfer ! »

Sophie recule. Elle me laisse vivre ce moment.

Je m'assieds sur une des balançoires du portique. Adam avait vingt ans. Pourquoi sa mère ne les a-t-elle pas retirées ?

Je regarde les volets verts. Les trois marches pour entrer. La maison blanche.

Elle surplombe les autres. Adam voyait la vallée en contrebas.

Sophie me prend en photo sur la balançoire puis devant l'entrée. Ça a quelque chose de morbide, mais je me laisse faire. Oui, c'est indécent, ce type a tué des enfants et je pose devant chez lui. Je me sens sale de faire ça.

On entend des chiens qui aboient, fort.

Et une voix d'homme. Il traverse la route.

Il s'approche. Il a le flingue dans la main.

C'est la boum de Suzy. On est samedi. Il y a trois semaines et deux jours qu'il a l'invitation. Ça fait 552 heures. Il a calculé. Il ne l'a presque pas lâchée. Le dessin des ballons s'est usé sous ses doigts. Il n'a cessé de la toucher, de la frôler. Même d'un doigt pendant qu'il écrivait en classe, il la palpait de sa main libre. Et c'était comme une chose interdite. Comme la peau de Suzy.

Ils sont devant la porte. Sa mère sent son nouveau parfum à la vanille. Soudain il la hait. Il voudrait qu'elle se taise. Qu'elle ne reboutonne pas son col en lui recommandant d'être poli. Elle est trop près de lui penchée comme ça, son haleine le dégoûte. Il se retient de ne pas la taper jusqu'au sang.

Ils ont sonné mais on n'entend pas avec la musique. Nancy appuie plus longtemps cette fois. Des pas s'approchent. C'est la mère de Suzy. Elle est amie avec la maman d'Adam. Elles se sourient, elles sont « siiii » contentes de se voir. Est-ce qu'elle veut rentrer grignoter avec elle dans la cuisine ? Les enfants ont insisté pour rester entre eux... Ça y est... On n'est plus les bienvenues nous les mères, plaisantent-elles aigres-douces comme la sauce des beignets qu'elles vont s'envoyer dans la cuisine en parlant de régime.

Adam est un peu poussé vers le salon, sa mère sent sa tension mais elle ne peut rien dire de peur de le faire passer pour un idiot. Pourtant c'est bien comme ça qu'il se sent aujourd'hui. Un taré même, un gosse qui ne peut qu'imaginer les choses et panique à l'idée de les vivre.

Personne ne se retourne quand il arrive. Il va tout doucement vers le buffet. Il prend un bonbon et le tortille dans ses mains. C'est pas pour le manger, c'est pour faire un truc, comme les cow-boys qui clopent. Il adorerait fumer, prendre du temps pour répondre entre deux bouffées.

Les filles sont dans leur coin. Suzy est tellement belle. Elle a un gilet moulant et on voit pointer ses tétons comme deux petites montagnes.

Personne ne danse vraiment. On se toise, on parle. Tom lui fait signe d'approcher.

Hé, Adam, viens voir. T'es cap ?

Tom lui montre une fiole. Il y a de l'alcool dedans. Ils ont l'âge des voix qui déraillent et des mots en plusieurs tonalités. Jack en a bu lui.

On se fout de la gueule d'Adam. Il a peur de tout, comment voudrais-tu qu'il ose boire ? Le regard de Suzy croise le sien et elle sourit. Adam relève la tête, prend la fiole et il boit en la matant.

Les mecs applaudissent autour.

Oh le con !

Le goût est atroce, ça l'a brûlé à la fin et il a laissé s'échapper un petit bruit. Sans regret pourtant. Pour une fois, Adam se sent faire partie de la bande. Ça chauffe rapidement dans sa poitrine. Il se sent bien. Très bien.

Il ne sait pas depuis combien de temps il danse mais c'est partout en lui. Il se laisse faire par une chose qui ne lui appartient plus. Autour on tape des pieds, on s'excite, on crie son nom. Non, ils ne se moquent pas, quelle drôle d'idée. On ne se fout pas de la gueule d'un dur à cuire qui a bu tout le whisky d'un trait !

Ça s'agite. Suzy le fixe, ça tourne. Suzy, les yeux de Suzy, c'est sûr, il va l'embrasser. Ça crie, ça rit, ça gigote.

On ouvre la porte fort. Des voix d'adultes. Sa mère arrive et le prend par la main. Il veut la repousser mais son corps n'a plus de force. On baisse la musique ou c'est parce qu'il s'éloigne qu'il l'entend moins fort. Oui, la musique le quitte. Sa mère n'est pas contente du tout, mais elle lui caresse les cheveux : « Pauvre bébé, qu'est-ce qu'ils t'ont fait ? Qu'est-ce qu'ils t'ont fait boire ? » Ils sont sur le perron. Suzy à l'intérieur a entrouvert le rideau. Elle le regarde. Il voudrait lui rendre son regard, mais c'est flou.

Adam gerbe tout ce qu'il a dans le ventre sur les pompes de sa mère. Le whisky qui remonte dans sa gorge a le goût d'un kiwi avarié. Suzy se tourne, elle fait signe aux copines de venir voir. Ensemble, elles explosent d'un rire strident qui traverse les murs mais le laisse impassible. Dans sa tête, il clope, il est le cow-boy qui clope, ouais, le cow-boy.

Adam n'est pas revenu en classe à la rentrée suivante. Sa mère l'a retiré de l'établissement.

J'ai laissé dans l'eau de la baignoire ma journée d'aujourd'hui. Le visage d'Adam imprimé sur le mien quand je me suis assise dans sa balançoire. La voix du voisin, les aboiements de ses chiens quand il m'a demandé qui j'étais, de quel droit je venais faire ça, quel genre d'être humain je pouvais bien être. Je ne sais pas quel genre d'être je suis pour être dans la nécessité d'écrire, de raconter, de comprendre ça, de faire des milliers de kilomètres pour m'esquinter le cœur.

J'ai laissé les balles qu'un instructeur de tir m'a appris à mettre dans un flingue avant de tirer. Il a suggéré à une assemblée tout entière d'hommes satisfaits et de grosses dames de faire le plein de munition, bientôt ce sera trop cher. J'ai laissé ses mots aussi dans l'eau du bain de Newton.

Et j'ai pris tellement de choses dans le ventre, tellement de gris et d'arbres morts dans les yeux, que je ne pourrai pas me rendormir, ni ce soir, ni demain, ni plus jamais pareil.

Et ce pays que j'aimais, j'en vois l'autre visage, et je sais qu'un jour nous descendrons tous du train en marche, j'ai bien peur seulement qu'il ne freine pas avant.

L'acte d'Adam Lanza, ce n'est pas du combat, c'est de la désertion. C'est débrancher le jeu vidéo. Ne pas parler à Suzy à la boum de Peter. C'est ne plus croire au monde autour.

J'essaie de théoriser depuis que j'ai quitté Paris, de ne rien ressentir. Surtout ne pas penser aux morts, ne pas penser que ces enfants avaient l'âge d'un des miens. Ne pas penser au coup de téléphone qu'on reçoit au bureau, au chemin qu'on parcourt en se disant que non, que ça n'arrive pas dans une vie, que ce n'est pas logique, que ce n'est pas juste, que c'est impossible. Le ventre ouvert, les viscères prêts à s'extraire de soi tant la douleur est forte. Non, ne pas penser à ça. Les États-Unis, leur culture, les flingues, les frites, les burgers. Les raisons profondes, la constitution, la vie d'Adam. Mais la réalité me saute au visage. La route qui mène à l'école est toujours barrée. Il est interdit d'aller jusque-là. Nous faisons le tour pour que Sophie me dépose au plus près. Je vais m'approcher à pied. Je me fais l'effet d'un vampire, de ces odieux journalistes qui photographient des morts connus sous prétexte que les gens ont besoin de savoir. Je ne suis pas un vautour. Je n'aime pas faire ça. Mon imagination devrait me suffire. Ensuite je me dis que je suis là, que je dois avoir le courage de mon sujet. Je claque la porte de notre Jeep. Une voiture passe, je fais quelques pas en arrière pour ne pas me faire écraser.

Sophie me fait signe, je me tourne. Je suis juste devant les vingt anges blancs qu'on a vus dans tous les journaux, entourée de fleurs et de bougies. Je suis au milieu des âmes des enfants. Toutes ces projections en carton de petits corps innocents, ces minuscules représentations de tombes. Et c'est intolérable. Je suis de ce côté de la route, pas de l'autre. Et je n'irai pas là où on me barre la route. C'est indécent. Je remonte dans la voiture. Je ne veux pas voir l'école. La nuit tombe mais demain nous rentrerons à New York. J'ai vu tout ce que j'avais à voir.

Sophie s'excuse, elle voudrait me poser une question, mais pas que je la prenne mal. Je lui dis qu'elle peut y aller.

Qu'est-ce que tu es venue chercher ici, Amanda, si tu ne veux pas voir ?

C'est une question de journaliste. Un écrivain sait. On ne cherche pas, on trouve des choses planquées en nous. Parfois on les trouve sans bouger de sa chaise, en boule dans son lit, parfois il faut faire de vrais chemins.

« L'intuition de l'avenir. Je suis venue chercher l'avenir qui se profile. Je sais le capter, je sais le mettre en mots, mais je ne peux pas le guérir, je n'ai pas de solution… la vérité des lieux et des visages n'a rien à voir avec ce qu'il y a à comprendre d'une histoire. »

Les grands arbres nus semblent prêts à se rejoindre de chaque côté de la route, à plier pour me mettre en prison. Je me sens menacée, en danger, chargée de chagrin.

Il a regardé son écran et des nuits et des jours sont passés. Il en gerberait des images, elles sont sa chair. De synthèse avec de la fausse peau qui tient des faux flingues qui font couler du faux sang sur des seins en toc. Et un score qui monte, et une vie à garder. Une vie pour de faux c'est tout ce qu'il a Adam. Il s'y accroche.

Ça fait bizarre quand il marche de sa chambre à la cuisine. Ça tangue. Il sait que dehors c'est le printemps parce que ça siffle un peu dans ses poumons. Le pollen traverse les murs poreux et sa transpiration devient un peu plus acide. Il se touche les aisselles. Elles sont humides. Il déteste qu'il y ait des poils en dessous, on croirait qu'il a des sexes de femmes sous les bras. L'odeur le dérange mais prendre une douche est un effort trop intense. Il préfère attendre un peu. Demain. Son corps lui demande de dormir, mais sa tête ne peut pas se dénuder des boucles du jeu de World of Warcraft.

Il se dit qu'un jour il se préparera comme pour faire la guerre. Avec une tenue de combat et des chaussures pleines de lacets. Il aura un flingue dans chaque main. Il regardera tout droit. Et il la butera sa putain de mère. Il la butera et il sortira et il aura un plan et il en flinguera des tas. Et il n'aura pas peur. Oui, un jour, il fera ça.

C'est programmé. Le manuscrit est attendu, j'en parle devant des gens, et il n'y a pas une ligne. Je ne comprends pas pourquoi je retarde tant l'échéance de l'écriture de ce livre. Comme si on pouvait éviter les choses, saborder les devoirs et le destin. Choisissons-nous la voie de la chute incessante ou sommes-nous le jouet de la fatalité ? Adam a-t-il tenté d'échapper à un parcours pour lequel il était programmé ? Socialement.

Je tente de me défaire de ce que je suis, de ce qu'on attend de moi. Je passe des nuits en boîte, j'embrasse, je bois, je vomis. Et je me réveille avec ma putain de gueule d'ange. J'écoute la musique qu'il ne faut pas, j'aime les méchants garçons, j'écris des mots crus.

Mais le jour d'après je suis une maman, je suis à l'heure aux rendez-vous, j'accompagne les sorties de classe. Mes lecteurs seront un peu choqués, mais ils ne m'en voudront pas, je suis épargnée. Je suis de la race des miraculés comme Adam était de la race des maudits. Ça ne m'empêche pas de faire l'expérience de la douleur. Tout le temps. Dès que je peux. Parce que s'est inscrit en moi. Parce que je veux comprendre. Comme s'il y avait un putain de truc à comprendre de la vie.

Je n'écris plus, je prends des photos. Je « shoote » tout le temps. Oui, comme avec un flingue, je tente de figer l'instant, d'empêcher les choses de suivre leur cours. D'immobiliser une chose de ma jeunesse qui ne peut que s'enfuir.

Reprendre son souffle, procéder dans l'ordre. Se souvenir des faits, ne garder que ce qui m'écorche. L'essentiel. Le reste je l'ai inventé, le reste sauf le pire.

Connecticut. États-Unis. Le 14 décembre 2012, Adam Lanza, un jeune homme de vingt ans, tire quatre balles dans la tête de sa mère. Puis il prend la voiture garée devant leur jolie maison de Newton avant d'aller tuer vingt enfants et six adultes dans l'école élémentaire de Sandy Hook. Il est armé d'un fusil semi-automatique Bushmaster qui appartient à sa maman. Il est ainsi certain de faire un maximum de victimes en un minimum de temps. Le chargeur de trente balles, rapide à enclencher, peut en tirer deux à la seconde. La dernière est pour lui.

Composition et mise en page

NORD COMPO
multimédia

Achevé d'imprimer en août 2013
par Normandie Roto Impression s.a.s.
61250 Lonrai
N° d'impression : 133144
N° d'édition : L.01ELIN000336.N001
Dépôt légal : octobre 2013

Imprimé en France